AF562781

MÉMOIRE

SUR LE CONFLIT SURVENU

ENTRE

M. De TRACY, Préfet des Bouches-du-Rhône

ET

M. LABADIÉ, Président du Conseil Général

A L'OCCASION

de l'Article 29 de la Loi du 10 Août 1871

MARSEILLE

TYP. ET LITH. BARLATIER-FEISSAT PÈRE ET FILS
RUE VENTURE, 19

1874.

MÉMOIRE

SUR LE CONFLIT SURVENU

ENTRE

M. De TRACY, Préfet des Bouches-du-Rhône

ET

M. LABADIÉ, Président du Conseil Général

A L'OCCASION

de l'Article 29 de la Loi du 10 Août 1871

L'importance du conflit nouveau provoqué par M. le Préfet des Bouches-du-Rhône, sur l'article 29 de la loi du 10 août 1871, et la gravité des incidents qui ont marqué l'ouverture de la session du Conseil général dans ce département exigent que ceux qui, à quelque degré que ce soit, seront appelés à les juger, aient sous les yeux les éléments les plus complets d'appréciation. Il a donc paru nécessaire de réunir les renseignements et observations utiles soit à la connaissance des faits, soit à l'interprétation de la loi. De là, la division naturelle de ce travail, dont la première partie est consacrée à l'historique des circonstances au milieu desquelles le conflit est né, la seconde à l'examen du conflit lui-même.

I.

L'ouverture de la session du Conseil général était fixée au 14 avril, à deux heures de relevée. Longtemps avant cette heure, l'enceinte réservée au public dans la salle du Conseil avait été presque complètement envahie par une foule privilégiée. Il est indispensable de donner quelques détails sur la disposition des lieux, pour expliquer cet envahissement, qui n'a pu se faire sans la complicité de personnes attachées à la préfecture.

On pénètre dans la salle du Conseil par deux entrées : l'une, est la porte principale de la Préfecture qui conduit au grand escalier, à l'extrémité duquel s'ouvre la salle des séances; c'est devant cette porte que stationne le public; l'autre, est une porte située dans une rue latérale.

Sur la gauche de cette deuxième porte, s'ouvre un couloir étroit, exclusivement réservé aux personnes attachées à la Préfecture, qui aboutit au Conseil de Préfecture et de là va rejoindre le grand escalier qui débouche dans la salle du Conseil général; de telle sorte qu'il est possible, en s'introduisant par ce corridor, et au moyen de ce détour, d'arriver dans la salle des séances avant que la porte principale de la Préfecture soit ouverte au public.

Le plan ci-joint permet de se rendre un compte exact de la disposition des lieux et du trajet qu'ont dû faire les personnes introduites avant l'heure.

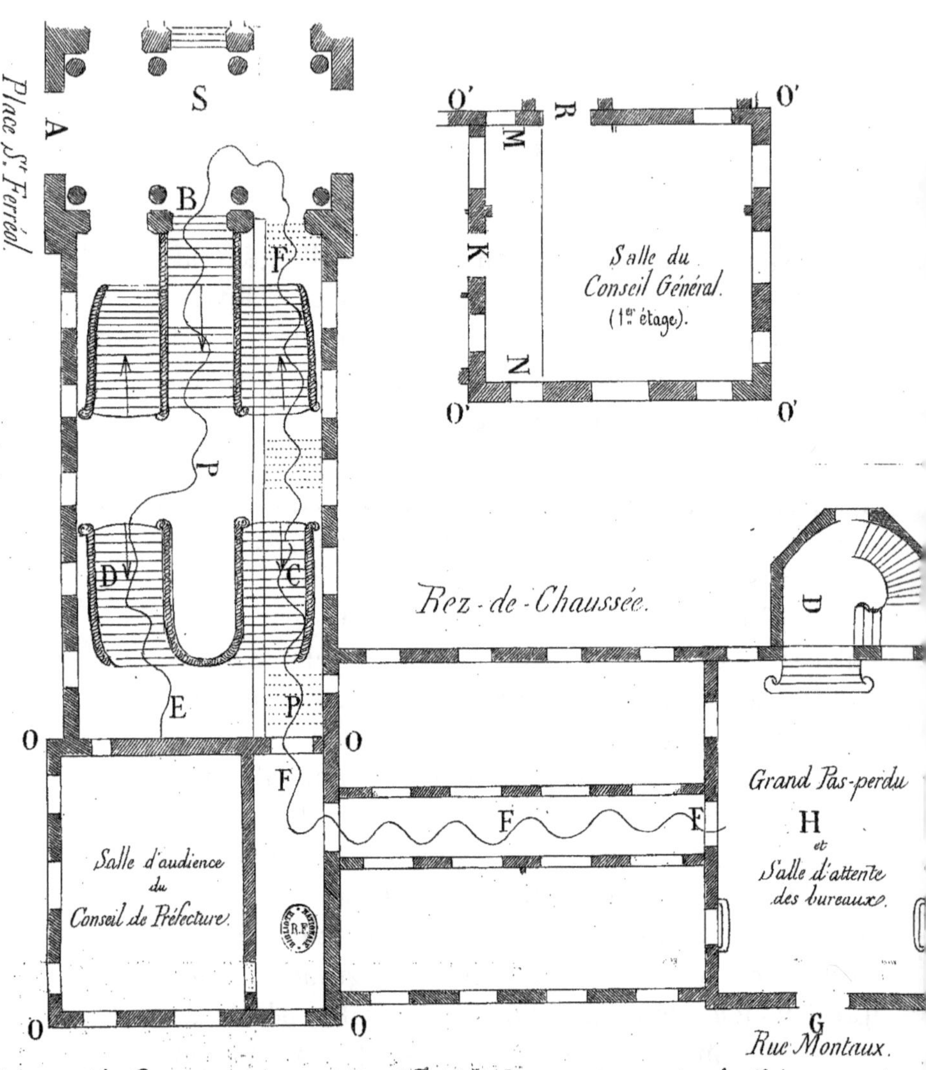

A. Porte principale s'ouvrant sur la place S.t Ferréol. C'est devant cette porte que stationne le public.

B. P. C. D. E. Grand escalier donnant accès au public dans la partie de la salle du Conseil Général qui lui est réservée.

O' Salle du Conseil qui occupe au premier étage l'espace occupée au rez-de-chaussée par les lettres O.

K. Porte d'entrée du public dans la salle du Conseil Général.

M. N Enceinte réservée au public.

R. Porte d'entrée des Conseillers dans la salle des délibérations.

G. Porte latérale s'ouvrant dans la rue Montaux.

H. Pas-perdu.

F. Corridor passant sous le grand escalier et conduisant au pas-perdu S, où l'on prend à revers l'entrée du grand escalier conduisant au Conseil.

〜〜〜 Trajet suivi par le public privilégié qui s'est introduit avant l'heure.

Le jour de l'ouverture de la session était en même temps jour d'audience du Conseil de Préfecture, qui siége le mardi et le samedi. En pénétrant par l'entrée qui leur est spécialement destinée, plusieurs membres du Conseil général avaient pu constater que le couloir du Conseil de Préfecture était occupé par une affluence plus nombreuse qu'à l'ordinaire.

Quelques instants avant l'ouverture de la séance, le Président du Conseil général fut avisé que la salle était aux trois-quarts envahie, bien que la porte principale n'eût pas été encore ouverte au public. Il se rendit aussitôt dans la salle, constata le fait, et, s'adressant à l'huissier de service, lui reprocha d'avoir permis aux personnes placées dans la salle de pénétrer, avant l'heure, par l'entrée réservée aux membres du Conseil. L'huissier affirma qu'il s'était constamment tenu à son poste, et que nul ne s'était introduit par la porte destinée à MM. les Conseillers. Immédiatement la fenêtre de la salle qui donne vue sur la porte principale fut ouverte, et l'on put constater qu'au moment où un auditoire favorisé avait déjà pris place, le véritable public attendait devant la grande porte de la Préfecture. Le Président du Conseil ordonna aussitôt d'ouvrir les portes à cette foule. Il était 2 heures ; d'ordinaire elles s'ouvraient un quart-d'heure avant la séance ; on avait donc retardé le moment de l'ouverture pour permettre au public privilégié d'arriver avant le véritable public.

Les personnes qui s'étaient ainsi introduites avant l'heure n'avaient pas pénétré par l'entrée réservée aux membres du Conseil. L'huissier de service l'affirmait, et d'autres témoins dignes de foi corroboraient son affirmation.

Elles n'étaient pas venues non plus par l'entrée destinée au public, puisqu'au moment même où l'on constatait leur présence, le public était encore retenu devant la grande porte.

Elles ne pouvaient donc s'être faufilées que par le couloir du Conseil de Préfecture, à l'extrémité duquel elles avaient gravi l'escalier qui donne accès dans l'étroite enceinte affectée au public (1).

Cette explication est d'autant plus incontestable, que dans l'auditoire on a distingué, au premier rang, plusieurs des personnes qui avaient été aperçues auparavant dans le corridor du Conseil de Préfecture. Parmi ces personnes, quelques unes

(1) A la dernière séance de la commission de permanence, M. Baragnon, répondant à M. Picard, a affirmé que tout le public avait été introduit par la même porte. Il a dit, ce qui est vrai, qu'il n'y a ni porte dérobée, ni escalier souterrain, et que le couloir qui est à côté de la salle du Conseil de Préfecture est spacieux et éclairé par une fenêtre, ce qui n'est évidemment pas un empêchement à une introduction.

Ce qui est certain, malgré les dénégations de M. le Sous-Secrétaire d'État, c'est que c'est par ce couloir, qui, sans être précisément souterrain passe sous un des côtés du grand escalier, et qui est un couloir de service destiné aux personnes attachées à la Préfecture, que l'envahissement a eu lieu pendant que la grande porte était encore fermée; tout Marseille sait cela. Le nier, c'est nier la clarté du jour en plein midi ; c'est manquer à la vérité. Du reste, contrairement aux promesses de M. le Ministre, aucune enquête n'a été faite, à moins qu'on ne veuille donner ce nom à la descente sur les lieux et à l'inspection qu'en a faite M. Baragnon, en compagnie de M. le Préfet.

ont été reconnues comme notoirement légitimistes, et membres du cercle de Provence. D'ailleurs, ce n'est pas seulement la galerie du public qui se trouvait ainsi irrégulièrement occupée ; les places réservées, dans l'enceinte, aux membres de l'administration et du Conseil avaient été elles-mêmes envahies avant l'heure. Lorsque le public put pénétrer dans la salle, il lui fut impossible de prendre place, et la plus grande partie de la foule, composée de cinq à six cents personnes, dut se retirer, avant même d'avoir franchi le seuil.

C'est dans ces conditions que s'ouvrit la première séance du Conseil, devant un auditoire privilégié, qui s'était clandestinement introduit, dans le dessein prémédité de troubler l'ordre et de se livrer à une manifestation hostile. A la publicité salutaire et légale s'était substituée une publicité de circonstance et de faveur. Cette irrégularité n'avait évidemment pu se produire sans la connivence d'agents attachés à la Préfecture, connaissant la disposition des lieux, et capables d'en tirer parti.

Le Président ne s'était pas encore exactement rendu compte à ce moment de quelle manière les choses s'étaient passées ; il ne pouvait, d'ailleurs, prévoir les scènes graves qui allaient bientôt éclater. Aussi, malgré certaines appréhensions, il ouvrit la séance ; mais il crut devoir rappeler au public que toutes marques d'approbation ou d'improbation lui étaient interdites. Après cet avertissement, dont il ne devait pas être tenu compte, le Président se leva et prononça l'allocution suivante :

MESSIEURS,

Au moment où nos assemblées locales, émanation du suffrage universel, sont systématiquement frappées, la réunion du Conseil général excite parmi nos populations un intérêt plus vif que de coutume. Elles ne doutent pas que vous ne saisissiez l'occasion qui vous est offerte de vous faire les interprètes de leurs plaintes et de leurs vœux.

Les libertés municipales sont la base de toute société démocratique. Règle générale : les plus mauvais gouvernements sont ceux qui les respectent le moins. L'Empire les avait confiquées avec toutes les autres ; il avait réduit les maires au rôle d'instruments dociles. Dès que le pouvoir municipal passe entre les mains de l'autorité, la nation ne se gouverne plus, elle est gouvernée ; elle est mise en tutelle. Est-ce là qu'on veut nous ramener ?

Il vous appartient, Messieurs, d'élever la voix en faveur des libertés municipales, origine de toutes les autres libertés. Il y a d'autant plus d'opportunité à le faire que l'Assemblée nationale doit bientôt s'occuper de la loi municipale organique. L'article 51 de la loi du 10 août vous autorise à émettre des vœux sur toutes les questions d'administration générale. Vous userez de ce droit en vous renfermant, comme vous l'avez toujours fait, dans les limites légales, mais en vous pénétrant de la pensée que le véritable respect de la loi consiste à l'interpréter dans un sens large et libéral.

MESSIEURS,

La situation politique s'aggrave de jour en jour ; tous les intérêts sont en suspens ; une inquiétude générale s'est emparée des esprits. La France cesserai d'être si cet état de choses se prolongeait.

La cause de ce mal est dans le provisoire plein de périls qui paralyse tout. Le remède c'est de consulter le pays par des élections générales.

Le pays ne laisse échapper aucune occasion de manifester sa volonté et sa préférence. Il assiste aux vaines intrigues des partis monarchiques avec le calme et la patience que lui donne la certitude qu'il faudra bien qu'on le compte pour quelque chose et que le dernier mot lui restera.

C'est qu'en effet il ne peut y avoir en France de gouvernement durable que celui de la nation dans sa réalité et sa sincérité, c'est-à-dire le gouvernement républicain. L'irrésistible mouvement qui fut assez puissant pour emporter la féodalité, et les rois briserait toutes résistances qu'on lui opposerait.

La république n'est donc pas seulement le gouvernement nécessaire, c'est, aujourd'hui, le seul possible. Comme l'a dit M. Jules Grévy, esprit ferme autant que modéré, « une restauration monarchique ne serait qu'une halte entre deux tempêtes ; c'est dans la république seule que nous trouvons le port. »

Ce discours avait un caractère non pas *essentiellement*, mais partiellement politique. Son auteur en est convenu lui-même dans la lettre adressée au Ministre, qui est reproduite ci-après. Il pensait que les Présidents des Conseils généraux ont en quelque sorte le droit de parler politique. Un usage constant, et une tradition déjà ancienne lui paraissaient avoir consacré cette prérogative, exercée sous tous les régimes, et que certains Ministres, membres du gouvernement actuel, n'ont pas craint de mettre en pratique. La loi, il est vrai, interdit aux Conseils généraux d'émettre des vœux politiques. Le Conseil général des Bouches-du-Rhône a toujours respecté cette prohibition ; plus heureux que d'autres, il n'a pas vu une seule de ses délibérations annulées comme contenant l'expression d'un vœu politique.

Mais la loi qui interdit aux Conseils généraux le terrain de la politique, les autorise à se prononcer sur les questions d'administration générale. Est-il donc si facile de distinguer avec précision la politique et l'administration générale ? De tout temps, beaucoup de bons esprits, et récemment plusieurs orateurs qui ont défendu devant l'Assemblée la loi départementale ont proclamé qu'il est malaisé de déterminer avec rigueur le domaine de la politique et celui de l'administration générale, de fixer leurs limites, d'indiquer où l'une finit où l'autre commence.

Mais ce qu'il importe de signaler, c'est que les considérations politiques contenues dans le discours du Président, n'appelaient aucun vote politique. Elles étaient personnelles à l'orateur qui ne demandait pas au Conseil de les consacrer par une délibération. Le seul vœu sur lequel il appelait l'attention de l'Assemblée, était relatif au mode de nomination des Maires. Encore cette proposition était-elle présentée sous une forme qui était moins que toute autre la critique des actes du gouvernement. Elle ne visait pas le passé, mais l'avenir. Son auteur rappelait que l'Assemblée nationale allait prochainement discuter la loi relative à l'organisation municipale, et il invitait le Conseil à faire parvenir au législateur l'expression de ses vœux. Attribuer à ce vœu un caractère politique est impossible. Après les déclarations de M. Lucien Brun (1) dans la discussion du projet de loi, après le questionnaire adressé aux Conseils généraux par la

(1) « Je vous le disais bien, vous allez voir que nous sommes d'accord. J'accepte et note les concessions à mesure qu'on me les

Commission de décentralisation, après la déclaration récente de M. Wadington, rapporteur de la loi départementale, dans le Conseil général de l'Aisne, enfin, après le silence du Conseil d'État, qui n'a jamais considéré des délibérations semblables comme une violation de la loi, il n'est plus permis de prétendre que les vœux relatifs au mode de nomination des magistrats municipaux constituent des vœux politiques exprimés au mépris de l'article 51.

M. Dufaure, l'homme qui passe en France pour personnifier le mieux le respect de la loi, au conseil général de la Charente-Inférieure, a, plusieurs fois, prononcé des allocutions ayant un caractère politique. M. de Tracy et M. de Broglie n'auraient certainement rien trouvé à redire au discours de M. Labadié s'ils y avaient vu l'éloge du gouvernement actuel. Mais qui ne sait que le droit de louer engendre celui de critiquer ?

Le discours du Président ne renfermait donc ni un appel à la violation des lois, ni un exemple de désobéissance coupable. Il signalait au

fait... Donc, personne ne conteste que les vœux relatifs aux questions économiques et à l'Administration ne soient, non-seulement du droit, mais du devoir du Conseil Général, en tant que ces questions touchent au département dont le Conseil Général est le tuteur et le représentant.

« On ne conteste pas davantage qu'il est à peu près impossible de concevoir qu'une de ces questions économiques ou d'administration, *par exemple celle de la nomination des maires*, dont l'honorable M. Moulin parlait tout à l'heure, soient discutées dans un Conseil Général, sans que le Conseil Général par cela même qu'il émet un vœu qui lui paraît intéresser son département, n'émette un vœu intéres- sant en même temps d'autres départements. Cela est incontestable. » (Assentiment).

Conseil une question qui, par son importance et son opportunité, s'imposait aux préoccupations de cette assemblée.

Ce discours ne fut accueilli dans le public par aucune marque d'approbation ni d'improbation. A peine deux ou trois membres du Conseil exprimèrent-ils leur assentiment par ces mots « *bien très-bien* »

M. le Préfet prit immédiatement la parole pour protester avec énergie contre l'allocution du Président. Il termina cette protestation en annonçant qu'il allait en référer au gouvernement qui aviserait.

Sur cette phrase, qui avait l'air d'une menace, et comme, à un signal donné, une véritable explosion de cris et de bravos se produisit dans l'auditoire. Ce qui dominait au milieu de ce tumulte, c'étaient les acclamations adressées à M. le Préfet, les cris de *Vive la France*, mêlés à ceux de *Vive le Roi*, auxquels répondirent quelques cris très peu nombreux de *Vive la République*. Des insultes étaient proférées contre le Conseil, parmi lesquelles on a retenu celles-ci : *A bas la Canaille* et *tas de Mendiants*. Les Conseillers les plus rapprochés du public étaient personnellement pris à partie et menacés.

Il fallait mettre un terme à ce désordre qui semblait devoir dégénérer en mêlée. Sur l'invitation de plusieurs de ses collègues, qui l'engageaient à user de ses pouvoirs, le Président donna ordre à la foule d'évacuer la salle des séances. L'auditoire refusa d'obtempérer à cette invitation, le Président renouvela l'ordre déjà donné ; la foule persistant dans son refus, le Président ordonna à l'huissier de service d'introduire deux sergents de ville. M. le Préfet, prenant alors la parole, déclara que seul il avait le droit de requérir la force armée. Devant cette prétention imprévue de M. le Préfet, qui, après avoir entendu en silence les outrages adressés au Conseil et les cris séditieux proférés, refusait au Président les moyens d'arrêter un pareil scandale, celui-ci, après un très court moment d'hésitation, se contenta de répondre : « Eh bien, M. le Préfet, je vous prie de mettre « deux sergents de ville à ma disposition. »

Ces agents une fois introduits dans la salle, M. le Préfet s'adressa directement à eux, malgré les protestations répétées du Président, qui revendiquait le droit de faire la police de la salle; il leur enjoignit d'expulser la foule ; puis entrant en colloque avec cet auditoire qui venait d'injurier les Conseillers, il lui donna, d'un ton amical, le conseil plutôt que l'ordre de se retirer.

Cette intervention irrégulière de M. le Préfet produisit le résultat qu'il était facile de prévoir. La foule, en quittant la salle, déclara qu'elle obéissait aux ordres de M. le Préfet seul. L'autorité du Président méconnue par M. le Préfet était en même temps bravée par un public de mauvais aloi.

La dignité du Conseil général avait été outragée, sa liberté menacée ; il était nécessaire de prévenir le retour de semblables scandales, et de rechercher ceux qui avaient pu les favoriser. Dans ce but, le Président, à l'issue de la séance, écrivit à M. le Préfet la lettre suivante.

MARSEILLE, le 15 Avril 1874.

MONSIEUR LE PRÉFET,

En vertu de l'article 29 de la loi du 10 août 1871, j'ai l'honneur de vous inviter à mettre à ma disposition quatre agents de police pour la séance du Conseil général, qui doit avoir lieu demain jeudi à deux heures de relevée. Vous voudrez bien donner l'ordre à ces agents de prendre mes instructions demain dans la matinée.

Je dois signaler à votre attention, Monsieur le Préfet, si vous l'ignorez, un fait qui prouve que le tumulte qui s'est produit à la séance d'hier était prémédité.

Si, comme je me plais à le croire, vous y êtes demeuré étranger, vous prendrez, en ce qui vous concerne, des mesures pour que cette scène scandaleuse ne se reproduise pas.

La grande porte de la Préfecture, devant laquelle stationne et par laquelle entre le public qui désire assister aux séances du Conseil général, n'a été ouverte qu'à deux heures.

Lorsque le public très nombreux, qui avait stationné pendant longtemps, est arrivé à la porte de la salle des séances, il a trouvé la partie de la salle qui lui est destinée, presque entièrement remplie. De plus, les places réservées étaient occupées. Comment les personnes qui se trouvaient à ce moment dans la salle avaient-elles pu y parvenir? elles n'ont évidemment pu y pénétrer que par le couloir qui conduit au Conseil de Préfecture. Il vous appartient de rechercher et de punir ceux qui ont été complices de cette introduction clandestine. Je suis persuadé que vous ne manquerez pas à ce devoir. Je ne doute pas non plus que vous donnerez des ordres à vos concierges pour que personne ne puisse entrer par une porte autre que celle qui donne sur la place de la Préfecture et pour que la dite porte soit ouverte un quart d'heure avant celle de la séance.

Recevez...

A. LABADIÉ.

Le lendemain, M. le Préfet fit cette réponse à la lettre du Président.

PRÉFECTURE DES BOUCHES-DU-RHONE.

Cabinet du Préfet.

MARSEILLE, le 16 Avril 1874.

MONSIEUR LE PRÉSIDENT,

Je ne crois pas pouvoir mettre sous vos ordres directs les quatre agents de police que vous me demandez ; ce serait, en effet, abandonner les droits du pouvoir exécutif que je représente ; mais j'aurai soin que ces agents se trouvent à ma disposition de façon à pouvoir agir conformément aux mesures que vous croirez devoir prendre en exécution de l'article 29 de la loi du 10 août 1871.

Quant aux diverses allégations ou recommandations qui sont renfermées dans le second paragraphe de votre lettre, elles traitent de questions dont la solution m'est absolument réservée et que j'examinerai avec la plus grande attention.

Agréez, Monsieur le Président, l'assurance de ma haute considération.

Le Préfet des Bouches-du-Rhône,
J. DE TRACY.

Le Président du Conseil général considéra cette lettre comme la négation absolue des droits que la loi lui confère. En présence du refus qui lui était fait par M. le Préfet de lui donner les moyens de protéger la liberté des délibérations, il pensa qu'il ne convenait pas au Conseil de s'exposer à de nouvelles injures. Il proposa au Conseil, avant qu'il n'ouvrît ses travaux, de suspendre ses séances publiques jusqu'à ce que le conflit provoqué par M le Préfet fût tranché, et sa prétention jugée. Cette prétention, M. le Préfet ne se contenta pas de la formuler dans sa réponse écrite au Président ; il la maintint et l'aggrava dans la séance du 16 avril, déclarant qu'il revendiquait non seulement le droit de transmettre aux agents de la force publique les réquisitions du Président, mais aussi celui de donner, même dans la salle du Conseil, des ordres à ces agents, ajoutant au surplus que cette interprétation était celle du Gouvernement.

Le Conseil général adopta la proposition du Président ; il suspendit les séances publiques, se bornant à étudier les affaires et à en préparer les solutions dans ses bureaux.

De cet exposé sommaire, il convient de retenir les faits importants. La salle du Conseil général avait été envahie avant l'heure par un auditoire privilégié. Le fait a été constaté par le Président du Conseil et de nombreux témoins ; il pourrait être affirmé par le public qui, au moment de l'ouverture des portes, après une longue attente, a trouvé la place occupée. Il est vraisemblable que le public ainsi éconduit avait exprimé, sur l'heure même, sa surprise et son mécontentement. On lisait, en effet, dans le journal *le Sémaphore*, publié le lendemain de la séance, les lignes suivantes qui paraissaient traduire les impressions de la foule.

« Le Conseil général des Bouches-du-Rhône s'est réuni hier à deux heures et demie dans la salle ordinaire de ses séances, sous la présidence de M. Labadié. Nous n'avons pas à raconter par le menu les travaux de cette première réunion; le compte-rendu officiel que nous attendons, nous l'apprendra. Mais les incidents de la rue ou des couloirs pouvent être racontés. A ce titre, nous devons constater qu'un public nombreux était désireux d'assister à la séance et que, suivant l'usage, un très-petit nombre a pu trouver place. Dans la foule qui stationnait aux portes et que des agents de police empêchaient de pénétrer, on se plaignait à tort ou à raison et de l'exiguïté bien constatée de la partie réservée aux auditeurs dans cette salle fort mal disposée pour les recevoir, et de *certaines mesures grâce auxquelles une partie très-notable de l'étroit couloir avait été envahie bien avant l'ouverture de la séance.*

Quant à la nature de cet auditoire, si elle n'était pas suffisamment indiquée par les vociférations hostiles au Conseil et les cris de : *Vive le roi*, elle se révélerait par l'extrait suivant du journal légitimiste *le Citoyen*, en date du 30 avril :

« Si dans cette affaire il y a des coupables, après le président, ce sont sûrement les royalistes et eux seuls. Ce sont eux qui sont venus faire pâlir sur leur chaise curule ces pères conscrits nouveau modèle qui, pour une popularité de mauvais aloi, n'ont pas hésité à sacrifier les intérêts de tout un département.

« Ce sont les royalistes qui ont fait tout le mal. Et par là, a n'en pas douter, on voit tout de suite combien Marseille est foncièrement républicaine. Faut-il tout dire? C'est par un sentiment de prudence, et pour n'avoir point à affronter la présence d'un public de royalistes payé, c'est notoire, pour n'éprouver aucune sympathie envers des honorables qui se sont fait un jeu de méconnaître leur mandat, c'est en un mot pour ne point délibérer sous la pression royaliste, que les séances publiques ont été brusquement interrompues. »

Il est donc indéniable qu'une manifestation avait été concertée, ceux qui l'ont organisée ou favorisée sont restés impunis. Un fait aussi grave a pu se commettre sans que l'autorité se soit émue, sans qu'elle ait recherché les coupables. S'il faut en croire un avis d'un journal qui passe pour être bien renseigné, M. le Préfet aurait dernièrement prescrit une enquête sur les scènes qui ont marqué la séance du 14 avril. Cette nouvelle, qui ne s'est pas confirmée, paraîtra bien invraisemblable, lorsqu'on saura que l'administration n'a interrogé ni le Président, ni les membres du Conseil général, ni aucune des personnes en état de fournir quelques indications utiles.

Il est encore un point indiscutable : c'est après le discours de M. le Préfet seulement que la manifestation a éclaté, tandis que l'allocution du Président n'avait provoqué aucun trouble. Ce fait est établi par les témoignages concordants des journaux de la localité qui ont rendu compte de l'incident, il est de plus attesté par le compte-rendu sommaire officiel de la séance du 14 avril. Quelle est la valeur de ce compte-rendu ? quel en est le caractère ? quelles garanties d'exactitude et d'impartialité présente-t-il ? on a paru contester à ce document le caractère officiel qui lui appartient ; on a même cherché à le représenter comme un compte-rendu de fantaisie imaginé par le Président du Conseil pour les besoins de la cause. Un examen plus attentif de la loi aurait prémuni contre cette erreur, involontaire sans doute, ceux qui l'ont commise.

Les Conseils généraux, outre les procès-verbaux *in extenso* de leurs séances, sont tenus de faire dresser un compte-rendu, sommaire officiel qui doit être mis à la disposition des journaux dans les quarante-huit heures après la séance (article 33 de la loi du 10 août 1871). Le procès-verbal est approuvé par l'assemblée ; c'est après cette approbation qu'il devient définitif. Le compte-rendu sommaire officiel est rédigé sous l'autorité du Président. L'article 2 de la loi du 23 juillet 1870 sur les Conseils généraux porte en effet :

« Un compte-rendu sommaire quotidien est rédigé « sous la surveillance du Président. »

Une Circulaire de l'honorable M. Casimir Périer, à la date du 18 octobre 1871, relative à l'application de la loi du 10 août, établit, dans les termes suivants, cette distinction entre le procès-verbal et le compte-rendu sommaire :

« La loi impose un double travail aux Secrétaires « des Conseils Généraux :

« 1° Ils doivent établir, jour par jour, un compte-« rendu sommaire *officiel* des séances ; 2° Ils « doivent également rédiger, au jour le jour, le « procès-verbal.

« Le compte-rendu est rédigé sous l'autorité du « Président (loi du 23 juillet 1870). Quant aux « procès-verbaux, ils sont signés par le Président et

« le Secrétaire, après avoir reçu l'approbation de « l'Assemblée. »

Il est donc impossible de contester au compte-rendu sommaire le caractère officiel que la loi lui attribue. Vainement objecterait-on que tant que le procès-verbal n'est pas approuvé, il ne peut exister de compte-rendu officiel. L'un et l'autre sont distincts et indépendants. Cette interprétation conduirait d'ailleurs à une véritable violation de la loi. Car si le compte-rendu n'avait de valeur qu'après l'adoption du procès-verbal, dans le cas assez fréquent où un Conseil Général ne tient pas de séances publiques de plusieurs jours, le compte-rendu sommaire ne pourrait être livré qu'après la prochaine séance publique dans laquelle le procès-verbal serait approuvé, c'est-à-dire plus de quarante-huit heures après la séance. Le délai prescrit serait excédé, et la loi méconnue.

En fait, le compte-rendu sommaire, dans le département des Bouches-du-Rhône, est confié, sous la surveillance des Secrétaires et du Président, à deux employés, l'un attaché spécialement au Conseil, l'autre de la Préfecture, qui prennent simultanément les notes aux cours des séances, qui se contrôlent et se complètent réciproquement, et qui n'arrêtent pas une rédaction définitive avant de s'être assurés qu'ils sont d'accord. Ce travail a toujours été fait à la satisfaction du public et du Conseil, il convient enfin d'ajouter qu'à raison de l'importance des incidents, les comptes-rendus sommaires des séances des 14 et 15 avril ne sont que la reproduction complète des procès-verbaux *in-extenso*, au moins pour la partie relative à ces incidents.

Le compte-rendu sommaire a, par conséquent, une valeur véritable ; rendu en droit obligatoire et officiel, il est en fait rédigé dans des conditions qui assurent à tous son exactitude et son impartialité, il doit être tenu pour véridique jusqu'à preuve contraire, et fait en quelque sorte foi jusqu'à inscription de faux.

M. le Préfet, il est vrai, a fait certaines réserves, mais pour la partie seulement d'un compte-rendu qui reproduit ses paroles. Il a écrit, à ce sujet, au Président du Conseil la lettre ci-après :

PRÉFECTURE DES BOUCHES-DU-RHONE.

Cabinet du Préfet.

MARSEILLE, le 17 Avril 1874.

MONSIEUR LE PRÉSIDENT,

J'ai remarqué plusieurs inexactitudes et omissions dans les paroles qui me sont attribuées par le compte-rendu analytique. En conséquence, je vous demande de vouloir bien dorénavant me mettre à même de faire toutes mes observations avant le tirage.

Agréez, Monsieur le Président l'assurance de ma haute considération.

Le Préfet des Bouches-du-Rhône,

J. DE TRACY.

Le Président a répondu dans les termes suivants :

MARSEILLE, le 17 Avril 1871.

MONSIEUR LE PRÉFET,

Vous m'avez fait l'honneur de m'écrire ce matin pour me signaler que certaines inexactitudes ou omissions se seraient glissées dans la partie du compte-rendu analytique qui reproduit les paroles que vous avez prononcées dans la séance du 16. Vous me priez en même temps de vous mettre à même dorénavant de produire vos observations avant le tirage.

Permettez-moi de vous rappeler, Monsieur le Préfet, que le compte rendu analytique est rédigé sous l'autorité, et sous la responsabilité exclusive du Bureau du Conseil Général. Les membres du bureau peuvent le communiquer directement à la presse, sans avoir l'obligation de vous le soumettre. Ce travail, exécuté par deux personnes dont les notes se contrôlent, est fait avec une scrupuleuse exactitude à laquelle tout le monde jusqu'à ce jour s'est plu à rendre justice.

Cependant, Monsieur le Préfet, si vous voulez bien m'indiquer les points précis sur lesquels portent vos observations, je m'empresserai de les communiquer aux membres du Bureau qui en délibèreront.

Recevez....

A. LABADIÉ.

M. le Préfet mis en demeure de préciser sa réclamation, n'a pas pu ou n'a pas voulu indiquer les erreurs ou les omissions signalées par sa lettre. C'était dans l'un comme dans l'autre cas un hommage rendu à l'exactitude du compte-rendu.

II.

Pour apprécier la portée du conflit provoqué par M. le Préfet, il faut préciser l'étendue de ses prétentions. Il réclame pour lui seul, outre le droit de transmettre les réquisitions du Président, la faculté de diriger les agents et de leur donner seul, même dans l'enceinte du Conseil, les ordres nécessaires pour le maintien de la tranquillité.

Le Président pensait, et cet avis est partagé par de bons esprits (1), que le droit de faire la police de l'assemblée comporte la faculté de requérir directement la force armée. Cependant, lorsque dans la

(1) Voir notamment le passage suivant extrait d'un article du *Temps* : « La solution de ce différend ne nous paraît pas douteuse ; elle résulte clairement de l'article 29 de la loi : « Le « Président a *seul* la police de l'Assemblé. Il peut *faire expulser* « de l'auditoire ou *arrêter* tout individu qui trouble l'ordre. En « cas de crime ou de délit, il en dresse procès-verbal, et le Pro- « cureur de la République en est immédiatement saisi. » Le droit d'expulsion et même d'arrestation, qui est ainsi donné au Président *seul* comme sanction de son droit de police, est évidemment exclusif de toute intervention étrangère. Le droit de réquisition directe en résulte aussi nettement que possible, car si la réquisition devait passer par un intermédiaire quelconque, cet intermédiaire partagerait avec le Président la police de l'assemblée, et l'article 29, qui veut que le Président exerce *seul* cette police, serait violé par cette intervention.

« Au surplus, ce droit de réquisition directe n'est pas un privilége des Présidents de Conseils généraux ; il appartient à toutes les personnes à qui la loi confie la police d'une assemblée, elle est la sanction de leur droit, qui risquerait sans cette garantie, d'être illusoire. Ainsi, les magistrats qui président une

séance du 14 avril, M. le Préfet prétendit avoir seul qualité pour mettre en mouvement les agents de la force publique, le Président, dans une pensée de modération, et pour mettre un terme aux scènes de désordre qui venaient d'éclater, concéda une partie de ce qu'il considérait comme son droit. il reconnut que ses réquisitions devaient passer par l'intermédiaire du Préfet. Sa lettre à ce fonctionnaire, pour le prier de mettre à sa disposition quatre sergents de ville, était un acte d'adhésion à la première prétention de M. le Préfet. Mais M. le Préfet ne se contente pas de contester au Président le droit de réquisition directe que, jusqu'à ce jour, celui-ci avait exercé sans difficulté, même auprès de l'autorité militaire; il prétend se réserver, même dans la salle des séances, lorsque les agents ont été mis à la disposition du Président, le droit de les

audience ont le droit incontestable de réquérir la force publique pour expulser ou arrêter les perturbateurs; de même les présidents de collèges électoraux qui sont, dans certains cas, de simples citoyens dépourvus de tout caractère officiel permanent, ont le droit de réclamer l'assistance de la force armée pour la police de la salle. « Les autorités civiles, dit le décret réglementaire de 1852, et les commandants militaires sont tenus « de déférer à leurs réquisitions ». Encore une fois c'est là le droit commun en matière de police intérieure, et la plus simple réflexion aurait dû mettre M. de Tracy en garde contre la thèse inadmissible qu'il a soutenue et dont l'application pratique nous paraît, d'ailleurs, difficile. Qu'adviendrait-il, en effet, si le Préfet (que rien n'oblige à assister aux séances) n'était pas présent dans la salle? Faudrait-il l'envoyer chercher? Et s'il était représenté près du Conseil, comme cela arrive souvent, par son secrétaire général, serait-ce ce fonctionnaire ou le Préfet lui-même qu'il faudrait avertir? Et qui assurerait, pendant ces allées et venues, l'autorité du Président contre les perturbateurs? La solution légale du différend ne peut donc faire aucun doute. »

mettre en mouvement et de leur communiquer, suivant le mode qui lui conviendra, les ordres du Président.

La question ainsi posée, le doute est-il possible ? Est-il même permis de dire qu'il y a matière à interprétation de la loi ? Tout est contestable, aucun texte n'est à l'abri de la controverse, si cette question est susceptible d'être discutée.

L'article 29 de la loi du 10 août 1871 est tellement clair, tellement formel, qu'il ne comporte pas de commentaire. Il est ainsi conçu : « Le Président a *seul* la « police de l'Assemblée. Il peut faire arrêter ou ex- « pulser tout individu qui trouble l'ordre. En cas de « crime ou délit il en dresse procès-verbal, et le « Procureur de la République en est immédiatement « saisi. ?

La loi confère au Président *seul* la police de l'Assemblée... Les termes de cet article indiquent que l'autorité du Président ne doit subir ni partage ni intervention d'un tiers. Ce droit, que la loi proclame, a été reconnu d'une manière implicite par un décret en date du 11 juillet 1873, rendu sur l'avis du Conseil d'État.

Le Conseil général de la Drôme avait inséré dans son règlement intérieur une disposition aux termes de laquelle le Président était chargé de veiller à la sûreté *extérieure* de l'Assemblée et devait prendre à cet effet toutes les mesures nécessaires. Cette délibération a été frappée pour violation de l'article 29. Le décret contient un considérant qu'il est utile de citer, car il confirme le droit du Président en ce qui concerne la police intérieure :

« Considérant, est-il dit, que l'article 29 de la loi « du 10 août 1871 donne seulement au Président du « Conseil général le droit d'exercer la police *inté-* « *rieure* de l'Assemblée. »

Faire la police, c'est prendre les mesures nécessaires pour assurer l'ordre et la liberté des délibérations. Le plus souvent, ces mesures doivent être exécutées d'urgence, pour faire face à des circonstances imprévues. Il faut donc qu'elles soient prises sur le champ et qu'il n'existe pas d'intervalle entre la volonté de celui qui ordonne et celle de l'agent qui exécute. Le droit de faire la police deviendrait illusoire s'il était condamné à s'exercer pour ainsi dire en deux temps, et par l'intervention d'un tiers. S'il devait s'écouler un délai plus ou moins long entre l'ordre et l'exécution, le droit du Président serait véritablement stérile, car l'exécution se produirait peut-être à un moment où le danger aurait disparu, où l'auteur du trouble se serait dérobé.

Par conséquent, la loi ne justifie ni par son texte ni par son esprit la prétention de M. le Préfet.

M. le Préfet invoque l'article 3 de la loi du 10 août 1871, qui le constitue dans le département le représentant du pouvoir exécutif. Il suffit de la lecture de cet article pour comprendre combien il est étranger au débat. Quel est le sens de l'article 3? Il signifie évidemment que M. le Préfet est dans l'étendue du département le seul agent officiel du gouvernement central ; c'est-à-dire que lorsque le gouvernement veut assurer, soit la publication, soit l'exécution de ses ordres, le Préfet seul a qualité pour parler en son nom. Le Préfet est encore investi par l'article 3 du droit d'exécuter les décisions du Conseil général ou de la Commission départementale. Lorsque ces assemblées ont pris une délibération, leur œuvre est accomplie; le Préfet l'exécute. Mais il ne s'agit ici ni des volontés légales du Gouvernement, ni des décisions du Conseil général. Il n'y a en jeu que l'autorité du Président, et l'exercice de ses attributions propres. Si M. le Préfet pouvait se prévaloir de l'article 3, pour exécuter même les actes du Président, il devrait aussi veiller à l'exécution du règlement intérieur. L'article 3 ne peut donc être invoqué; l'argument qu'on en veut tirer est dépourvu de toute portée.

Les pouvoirs que l'article 29 a confiés au Président élu du Conseil général sont considérables. On peut dire qu'ils sont sans limites, en ce qui concerne la police de l'assemblée. Il a le droit de faire expulser ou arrêter quiconque porte atteinte à la liberté des délibérations, ou se rend coupable d'un délit. Ce droit ne souffre pas d'exception; il peut être invoqué et appliqué même contre un conseiller ou contre le Préfet lui-même, si, par impossible, l'un ou l'autre se laissait entraîner à un acte de violence ou de désordre. Il faudrait donc, dans cette dernière hypothèse, si la doctrine de M. le Préfet devait prévaloir, que le Président invitât le Préfet à se faire expulser ou arrêter par ses propes agents. Une pareille conséquence juge et condamne la théorie.

Quelle est la situation du Préfet au sein du Conseil général? Il est en quelque sorte l'hôte de cette assemblée. Aux termes de l'article 32 il a entrée au conseil, et il est entendu lorsqu'il le demande. Là s'arrêtent ses prérogatives. Est-il admissible que cette situation se concilie avec le rôle prépondérant que s'attribue M. le Préfet ? Et peut-on croire que la loi qui l'autorise seulement à assister aux séances et à prendre part aux débats ait voulu, dans le cas de circonstances graves, subordonner en quelque sorte à sa volonté, et au choix de ses moyens la liberté des délibérations.

La présence du Préfet est pour lui non pas une obligation, mais une faculté. Il est même des séances auxquelles la loi lui défend d'assister, celles dans lesquelles le Conseil général entend et débat le compte administratif. Lorsque le Préfet s'absentera soit pour user de la faculté que la loi lui confère, soit pour se soumettre à l'obligation qu'elle lui impose, le Président restera-t-il désarmé, et sera-t-il réduit à ne pas exercer ses pouvoirs parce qu'il n'a pas sous la main l'intermédiaire chargé de transmettre ses ordres et de veiller à leur exécution. ?

Quoiqu'on puisse dire, le droit de faire la police comporte celui de donner des ordres directs. La loi qui a investi les Présidents des Conseils généraux de cette prérogative n'a pu leur refuser les moyens de l'exercer. Les Présidents des collèges électoraux ont reçu de la loi une attribution semblable. Ils sont sans doute tenus de requérir les agents de la force publique auprès de leurs chefs hiérarchiques. Mais dès que ces agents sont mis à leur disposition, ils passent sous leurs ordres, et seuls, les Présidents leur donnent les injonctions qu'ils jugent utiles. La loi du 10 août 1871, conçue dans une pensée libérale et décentralisatrice, a-t-elle voulu donner aux Présidents de ces grandes assemblées départementales dont elle a étendu les attributions, des pouvoirs moins considérables que ceux conférés aux Présidents des bureaux de vote par le décret dictatorial de 1852.

Les Présidents des corps judiciaires sont aussi chargés de la police de leurs audiences. A-t-on jamais osé prétendre que leurs ordres, dans l'enceinte des Cours et Tribunaux, devaient être transmis par un intermédiaire, le Procureur de la République ou le Procureur Général par exemple, aux agents mis à leur disposition par les chefs de la force publique ?

Si par impossible, la loi eût voulu faire une situation particulière aux Présidents des Conseils généraux, si elle avait pensé que leur autorité devait être partagée avec les Préfets, elle n'aurait pas manqué de s'en exprimer comme elle l'a fait ailleurs et notamment à l'occasion de l'article 71. Aux termes de cet article, la Commission départementale siége à la Préfecture et prend, *avec le concours du Préfet*, les mesures nécessaires pour assurer son service. L'article 29 n'a point admis une intervention de ce genre. C'est le droit commun qui doit reprendre son empire.

Ou a bientôt compris que l'article 3, invoqué d'abord, ne pouvait être appliqué au débat. M. le Préfet a revendiqué alors le droit de transmettre les ordres du Président non plus comme représentant du pouvoir exécutif mais comme chef de la police. C'est en cette qualité qu'il devrait recevoir les ordres du Président, et veiller à leur exécution, comme supérieur hiérarchique des agents placés dans la salle.

Cette interprétation blessante pour la dignité du premier fonctionnaire du département, le mettrait en quelque sorte au niveau d'un Commissaire central ou même d'un simple brigadier de police. Elle ne convient pas plus au représentant du gouvernement qu'elle n'est conforme à la loi.

Le Préfet est bien, il est vrai, le chef de la police municipale, mais non dans tous les départements. L'acticle 23 de la loi du 29 juillet 1867 a formellement abrogé l'article 50 de la loi du 5 mai 1855, qui donnait aux Préfets la direction de la police municipale. Ce droit ne leur appartient désormais que dans les chefs-lieux dont la population excède le chiffre de 40,000 habitants. Ailleurs le Maire est resté chef de la police municipale ; et, dans ces chefs-lieux, à Draguignan, par exemple, le Président du Conseil général, si l'interprétation de M. le Préfet faisait loi, devrait s'adresser au Maire pour transmettre et faire exécuter ses ordres. La police des assemblées départementales serait ainsi faite de deux manières différentes dans l'étendue de la France, suivant les distinctions établies par la loi du 29 juillet 1867.

Enfin, dans les départements soumis à l'état de siége, comme celui des Bouches-du-Rhône, ne serait-ce pas au général commandant la division, investi de tous les droits relatifs au maintien de l'ordre, que le Président du Conseil général devrait avoir recours ? aux termes de l'article 9 de la loi du 9 août 1849 « aussitôt l'état de siége déclaré,

« les pouvoirs dont l'autorité civile est revêtue « pour le maintien de l'ordre et la *police* passent « tout entiers aux mains du commandant de l'état « de siége. » C'est donc ce commandant qui est le chef le plus élevé de la police ; et c'est à lui que devraient s'adresser les invitations du Président. Une interprétation qui prête à de semblables distinctions, et à de telles incertitudes ne peut être que l'interprétation de l'arbitraire.

Aussi, le Conseil général des Bouches-du-Rhône tout entier, sans distinction de partis ni d'opinions, a-t-il vu, dans la prétention de M. le Préfet, une violation de la loi et une atteinte aux prérogatives du Président. Il ne faut oublier ni la nature particulière de ce conflit ni les conditions spéciales au milieu desquelles il a été provoqué. S'il se fut agi d'un simple différend sur une question d'attribution ou de compétence, le Conseil général, agissant avec la même prudence dont la Commission départementale a fait preuve à l'occasion du conflit soulevé sur l'article 88, aurait pu réserver le principe et continuer ses travaux. Mais c'étaient la liberté même de ses délibérations, la dignité de ses membres, on peut presque dire leur sécurité qui se trouvaient en jeu. Au lendemain des scènes du 14 avril, qui avaient jeté dans les esprits une vive agitation, il n'était pas possible au Conseil de siéger sous la menace de nouvelles injures, alors surtout que M. le Préfet refusait au Président les moyens de protéger la liberté des délibérations.

Les séances publiques furent suspendues ; les violences de quelques personnes et les prétentions de M. le Préfet condamnèrent le Conseil à se priver de cette publicité qui est la garantie et l'âme des assemblées délibérantes.

Le Président du Conseil avisa immédiatement M. le Ministre de l'Intérieur par les télégrammes et lettres ci-après,

Président du Conseil Général des Bouches-du-Rhône
à Ministre de l'Intérieur, Paris.

A la suite des manifestations tumultueuses qui se sont produites à la séance précédente et sur le refus du Préfet de mettre à ma disposition, *dans la salle du Conseil*, quatre agents de police auxquels il a prétendu avoir seul des ordres à donner *au sein du Conseil*, le Conseil Général a décidé par 21 voix et cinq abstentions sur 26 membres présents de suspendre ses séances jusqu'à ce que son président soit mis en position d'exercer les attributions qu'il tient de la loi et d'assurer lui-même la liberté de ses délibérations.

Marseille, le 15 Avril 1874.

Monsieur le Ministre de l'Intérieur,

Je considère comme un devoir de vous écrire au sujet des faits graves qui ont marqué la séance d'ouverture de la session du Conseil Général des Bouches-du-Rhône et que M. le Préfet a dû porter à votre connaissance.

Le compte-rendu sommaire et officiel que j'ai l'honneur de vous adresser et sur lequel je me permets d'appeler votre attention, ne vous donnera qu'une imparfaite idée du scandale qui a eu lieu et de l'outrage dont le Conseil Général a été l'objet.

L'allocution que j'ai prononcée après avoir ouvert la session a, je le reconnais, un caractère politique. Je n'ai fait en cela qu'user, et avec mesure, si non d'un droit, du moins d'un privilége que la tradition et l'usage ont consacré et qui avait été jusqu'ici incontesté. Comme tout le monde, vous savez en effet, Monsieur le Ministre, que de tout temps, sous tous les régimes, les présidents des Conseils Généraux ont fait de la politique dans leurs discours, et jamais on n'a vu là une violation de la loi qui interdit aux Conseils Généraux d'émettre des vœux politiques. A cet égard, qu'il me soit permis de rappeler qu'aucun vœu ayant ce caractère n'a été émis par le Conseil Général que j'ai l'honneur de présider depuis trois ans.

Mon discours n'a été suivi d'aucune manifestation dans l'assemblée.

M. le Préfet a protesté contre mes paroles qu'il a qualifiées comme étant une violation de la loi ; il a ajouté qu'il allait en référer au gouvernement. C'est alors et comme sur un signal donné qu'a commencé une scène de tumulte et de désordre indescriptible.

Il faut ici vous dire, M. le Ministre, que lorsque le public très-nombreux qui stationnait devant la grande porte a été admis à entrer, il a trouvé la partie de la salle qui lui est réservée presque entièrement occupée par des individus notoirement connus comme légitimistes. Comment avaient-ils pu pénétrer dans la salle ? C'est ce que je n'ai pas pu savoir bien exactement. Ce qui est certain c'est que leur introduction n'a pu se faire qu'avec la connivence de personnes attachées à la préfecture. Un coup avait été préparé, une manifestation royaliste avait été préméditée, et elle avait trouvé des complices parmi ceux qui avaient le devoir de l'empêcher.

A peine, vous disai-je, M. le Préfet eut-il cessé de parler qu'une explosion d'applaudissements, de cris et d'injures se fit entendre. Vous verrez dans le compte-rendu les détails qui ne laissent aucun doute sur le caractère de cette bruyante manifestation, qui aurait pu dégénérer en une mêlée. Vous y remarquerez que l'autorité du président a été méconnue et que la foule n'a consenti à se retirer que sur l'invitation de M. le Préfet, comme si elle le reconnaissait pour son chef de file.

Il ne vous échappera pas qu'en intervenant dans cette circonstance, qu'en s'adressant au public et en donnant lui-même des ordres aux agents, M. le Préfet a ouvertement violé la loi. L'art. 29 de la loi du 10 août donne au président seul la police de l'assemblée.

Ces faits sont de la plus haute gravité, Monsieur le Ministre ; ils constituent une coupable atteinte à la dignité et à l'indépendance d'une assemblée délibérante. Dans un pays où les passions politiques sont surexcitées, ils présentent pour l'ordre public un danger que je ne pouvais me dispenser de vous signaler.

Veuillez agréer, Monsieur le Ministre, l'assurance de ma haute considération.

Le Président du Conseil Général,
A. LABADIÉ.

MARSEILLE, le 17 Avril 1874.

MONSIEUR LE MINISTRE,

J'ai eu l'honneur de vous adresser hier un télégramme pour vous informer qu'à la suite des désordres graves qui se sont produits à la séance d'ouverture du Conseil général, désordres dont il est de mon devoir d'empêcher le retour, j'avais invité M. le Préfet, en vertu de l'article 20 de la loi du 10 août, à mettre à ma disposition *dans la salle du Conseil*, quatre agents de police.

M. le Préfet ayant déclaré que c'est à lui seul, en sa qualité d'agent du pouvoir exécutif, qu'il appartient de donner, des ordres *même dans la salle du Conseil*, cette interprétation a été considérée par le Conseil général comme une violation de la loi; il a décidé par 21 voix sur 26 membres présents (il y a eu 5 abstentions) de suspendre ses séances jusqu'à ce que ce conflit soit vidé et que son Président soit mis en position d'exercer dans leur plénitude les attributions qu'il tient de la loi et d'assurer lui-même la liberté de ses délibérations.

J'ai l'honneur de vous remettre aujourd'hui le compte-rendu sommaire de la séance d'hier dans laquelle cette décision a été prise. Ce compte-rendu contient ma lettre à M. le Préfet ainsi que la réponse qu'il m'a faite. Je prends la liberté d'appeler votre attention sur ces documents.

L'interprétation de M. le Préfet est manifestement contraire au texte formel aussi bien qu'à l'esprit de la loi. Il est facile de le démontrer.

L'article 3 dispose que le Préfet est le représentant du pouvoir exécutif dans le département. C'est donc à lui qu'appartient l'exécution des délibérations du Conseil général. Cela est incontestable et incontesté. Il est inutile d'y insister.

Mais M. le Préfet va plus loin; il prétend qu'il est aussi de droit l'exécuteur des ordres que le Président peut avoir à donner aux agents de la force publique dans la salle du Conseil (*ici même* a-t-il dit) en ce qui concerne la police de l'Assemblée.

J'ai reconnu (ma lettre à M. le Préfet le constate) que je n'avais pas le droit de requérir les agents de la force publique sans avoir recours à l'intermédiaire du Préfet. Mais le pouvoir du Préfet s'arrête au seuil de la porte de la salle du Conseil. A l'intérieur, celui du Président seul subsiste; il est entier, absolu, indivisible.

En effet, l'article 29 donne au Président *seul* la police de l'assemblée; il l'autorise à faire expulser de l'auditoire ou arrêter tout individu qui trouble l'ordre, et en cas de crime ou de délit, il en dresse procès-verbal. Ces pouvoirs, il les exerce seul, directement, de son propre mouvement et sous sa responsabilité, sans que le Conseil général soit appelé à en délibérer, conséquemment sans que le Préfet ait le droit d'intervenir. En tout ce qui touche à la police de l'Assemblée, le Président ne relève que de lui-même ; il exerce une autorité qui lui est propre.

Cela est tellement clair, évident, incontestable qu'il me paraît inutile d'insister davantage. J'ajouterai seulement que l'article 27, qui dispose que le Préfet *a entrée au Conseil général*, ne rendant pas sa présence obligatoire, il s'ensuivrait que l'Assemblée serait sans police dans les séances auxquelles le Préfet n'assisterait pas, si la doctrine soutenue par M. le Préfet était adoptée.

Vous reconnaîtrez sans doute, Monsieur le Ministre, combien il est urgent de prendre à cet égard une prompte décision. Le Conseil général l'attend avec la confiance qu'elle sera conforme à la saine interprétation de la loi.

Veuillez agréer, Monsieur le Ministre, l'assurance de ma haute considération.

Le Président du Conseil Général,

A. LABADIÉ.

Le Conseil espérait que la réponse du Ministre ne se ferait pas attendre, et que le Gouvernement, en maintenant l'autorité méconnue du Président, seconderait l'intention où se trouvait l'Assemblée de reprendre ses travaux et de se consacrer aux intérêts du département.

La réponse de M. le Ministre n'est parvenue que le 24 avril, quatre jours avant la clôture de la session. Ce long délai ne s'explique pas même par les réflexions du Gouvernement pour résoudre une question d'ailleurs si simple, puisque il avait pris, dès le début, le parti commode de déférer le conflit au Conseil d'État.

La réponse du Ministre fut communiquée au Président par un billet de M. le Préfet qu'il n'est pas inutile de reproduire dans sa forme laconique et extra-administrative.

PRÉFECTURE DES BOUCHES-DU-RHONE

Cabinet du Préfet.

MARSEILLE, le 24 avril 1874.

J'ai l'honneur de transmettre à Monsieur le Président du Conseil général le pli ci-joint, venant du ministère de l'Intérieur.

Le Préfet,
J. DE TRACY.

Cette communication était accompagnée de la lettre suivante, signée par M. le Ministre.

MINISTÈRE DE L'INTÉRIEUR.

PARIS, le 22 Avril 1874.

MONSIEUR LE PRÉSIDENT,

J'ai reçu les lettres par lesquelles vous appelez mon attention sur les incidents qui ont signalé l'ouverture de la 1re session annuelle du Conseil général des Bouches-du-Rhône.

M. le Préfet m'en avait déjà rendu compte. Pour les apprécier sûrement, j'ai attendu toutes les pièces de l'affaire : les procès-verbaux de la séance du 14 m'en ont donné la regrettable explication.

Il m'est impossible, en effet, de ne pas reconnaître, par le simple exposé des faits, que ces tristes incidents ont eu pour cause unique le caractère de l'allocution que vous avez cru devoir prononcer à l'ouverture même de la session, et dans laquelle des attaques très vives étaient dirigées, sous une forme à peine déguisée, non-seulement contre les actes du gouvernement, mais contre le principe même d'une loi votée par l'Assemblée nationale.

Vous reconnaissez vous-même que cette allocution avait un caractère essentiellement politique et vous pensez que l'usage et la tradition vous donnaient le droit d'entraîner ainsi vos collègues sur un terrain que la loi interdit expressément aux Conseils généraux.

Si cet usage ou plutôt cet abus s'est en effet introduit dans certains cas, par une regrettable tolérance, jamais l'inconvénient qui en peut naître et la nécessité d'y mettre un terme n'ont été mieux démontrés ; car jamais ce prétendu droit, qui n'est écrit nulle part et qui est en contradiction avec l'esprit comme avec la lettre de la loi de 1871, n'a été appliqué avec un pareil défaut de convenance et de mesure.

Ce n'était pas, du reste, la première fois qu'un tel exemple était donné. Déjà dans le courant de la dernière session, vous aviez cru pouvoir, dans une allocution du même genre, à propos d'un avis émis par le Conseil d'Etat, dans un sens contraire à votre opinion, traiter ce grand corps avec un dédain injurieux.

Devant ce parti qui semblait pris de méconnaître les autorités les plus respectables, le Préfet avait dû se préparer à protester ; il l'a fait énergiquement et je l'approuve. Il eût manqué à tous ses devoirs, s'il eût laissé outrager devant lui le gouvernement qu'il représente et la loi dont il est le défenseur naturel.

J'ai le regret de dire que l'Assemblée départementale a paru s'associer à cette violation de la loi lorsqu'elle a déclaré, par l'organe d'un de ses membres, qu'elle applaudissait aux paroles de son Président et qu'elle eût été surprise de ne pas les trouver dans sa bouche.

En présence de cette illégalité et de cette attitude, le devoir du gouvernement est de réserver l'examen des mesures qu'il pourra être appelé à prendre ; je crois dès lors inutile d'entrer dans la discussion des questions subsidiaires que soulève votre dernière lettre.

Quelle est l'étendue des pouvoirs que l'article 29 de la loi du 10 août 1871 confère au Président du Conseil général ?

Peut-il, comme vous l'avez affirmé d'abord, mander directement des agents de police placés à l'extérieur, ou peut-il seulement, ainsi que vous l'avez reconnu plus tard, s'adresser aux agents que le Préfet a mis préalablement à sa disposition dans l'intérieur de la salle des séances ? La réquisition faite dans ce cas aux agents de la force publique doit-elle être directe ou passer par l'intermédiaire du Préfet ? Le Président a-t-il, malgré le silence de la loi qui paraît significatif, les mêmes droits que le décret de 1852 confère expressément aux Présidents des colléges électoraux ? Jusqu'où s'étend le droit d'arrestation que l'article 29 reconnait au Président ? Est-il le même que celui que le Code de procédure civile accorde aux Présidents des Cours et Tribunaux ? Peut-on étendre à ce point, sans un texte positif, un droit de police qui par sa nature est exceptionnel ?

Ce sont là autant de points que la loi ne résout pas et qui sont surtout du domaine contentieux. Mais il ne paraît pas nécessaire de les aborder en ce moment ; car ils n'ont eu, dans ce débat, qu'une importance tout à fait secondaire. Si, en effet, M. le Préfet des Bouches-du-Rhône retenait pour lui, par des motifs dont on ne peut contester la valeur, le droit de transmettre vos réquisitions aux agents de la force publique, il se déclarait en même temps prêt à les faire toutes exécuter. Votre autorité était donc obéie, l'ordre était assuré, et si la question légale vous semblait douteuse, une simple réserve aurait suffi pour maintenir ce que vous pensiez être votre droit.

Rien ne semble donc motiver la résolution prise par le Conseil, sur la proposition de son Président, de suspendre la session et d'interrompre le cours des affaires.

Quant au gouvernement, un détail accessoire ne le détournera pas du fait principal. « Dans un pays où les passions politiques sont surexcitées la moindre provocation présente, dit votre lettre, un grand danger pour l'ordre public. » C'était une raison de plus pour que le Président du Conseil général s'abstint scrupuleusement de toute immixtion illégale dans le domaine de la politique et le gouvernement ne peut que laisser la responsabilité des scènes, que vous qualifiez de scandaleuses, à ceux qui, chargés de les prévenir, n'ont pas craint de les provoquer.

Agréez, Monsieur le Président, l'assurance de ma considération très distinguée.

Le Vice-President du Conseil des Ministres,
Signé : BROGLIE.

L'espérance du Conseil Général était déçue. M. le Ministre, s'il n'avait pas le courage de sanctionner l'étrange interprétation du Préfet, n'avait pas voulu non plus trancher le différend. Il en ajournait la solution, et se désintéressait du débat, trouvant sans doute plus facile de se livrer à des incriminations contre la majorité du Conseil Général et contre le Président.

Le Président du Conseil ne pouvait laisser ce réquisitoire violent sans réponse, il écrivit à M. le Ministre la lettre suivante :

MARSEILLE, le 26 Avril 1871.

A Monsieur le Vice-Président du Conseil, Ministre de l'Intérieur, à Paris.

MONSIEUR LE MINISTRE,

J'ai reçu votre lettre.

Je vous avais signalé le scandale qui a marqué l'ouverture de la session du Conseil général et la violation de la loi qu'a commise M. le Préfet en contestant au Président le droit de faire seul la police de l'Assemblée.

J'avais espéré que vous blâmeriez sévèrement cette manifestation royaliste. J'avais pensé que vous n'hésiteriez pas à rappeler M. le Préfet à la saine interprétation de la loi et que vous mettriez le Conseil général à même de reprendre ses travaux interrompus et d'accomplir son mandat. Mon attente a été trompée. Vous passez sous silence la question de fait et vous considérez la question de droit comme étant d'une importance tout à fait secondaire.

Au lieu d'aplanir ces difficultés et de résoudre ce conflit, vous vous livrez à des récriminations injurieuses. Vous m'accusez avec une violence de langage inusitée jusqu'ici dans les hautes régions gouvernementales, d'avoir commis et excité le Conseil général à commettre une violation de la loi. Vous faites retomber sur moi les scènes scandaleuses qui se sont produites, et vous ne craignez pas d'ajouter, qu'au lieu de les prévenir, c'est moi qui les ai provoquées par mon allocution. En un mot, c'est un acte d'accusation. Il n'y manque que les poursuites.

Cette offense au Président du Conseil ne vous a pas suffi. A la séance de la Commission de permanence, vous avez outragé le Conseil général tout entier en disant qu'*il faut mettre un terme aux scandales et aux scènes de désordre toujours renou-*

velées qu'engendrent ses sessions. Vous avez par ce moyen éludé la question, esquivé le débat. C'est l'ordinaire et commode ressource de ceux qui n'ont pas de bonnes raisons à donner.

Dieu me garde de vous suivre dans cette voie. Je m'abstiendrai de rétablir la vérité que vous avez dénaturée et je ne prendrai pas la peine de me disculper de vos accusations imméritées. Je ne discuterai ni l'article 29 de la loi du 10 août, qui donne au Président seul la police de l'Assemblée, ni l'article 51 qui a dévolu aux Conseils généraux les questions d'administration générale, ni l'usage constant et mis en pratique par plusieurs ministres, d'après lequel les Présidents des Conseils généraux font de la politique dans leurs discours. A quoi bon discuter avec vous, Monsieur le Ministre ? Vous vous déroberiez encore et pour toute réponse vous me rappelleriez, sans doute, que le Conseil a eu des conflits avec les deux Préfets qui ont précédé le Préfet actuel.

Je me bornerai à affirmer de nouveau, ainsi que le constate le compte-rendu sommaire officiel, qu'aucune manifestation ne s'est produite à la suite de mon allocution. Deux ou trois de mes collègues ont dit seulement : Bien, très bien. Aucune marque d'approbation n'est partie de l'auditoire. Ce n'est qu'après que M. le Préfet a eu parlé, que les cris de : *vive M. le Préfet, vive le Roi* se sont fait entendre et que le tumulte a commencé.

Vous avez dit que M. le Préfet contestait l'exactitude de ce compte-rendu. M. le Préfet m'a écrit, en effet, qu'il renfermait quelques inexactitudes. Je l'ai invité à me signaler en quoi elles consistaient, il ne m'a point répondu. En attendant, j'affirme, avec tout le Bureau, qu'il ne contient rien qui ne soit de la plus scrupuleuse exactitude. Le compte-rendu analytique n'est pas le procès-verbal proprement dit, que l'Assemblée seule a qualité pour approuver, mais il n'en diffère que parce qu'il a un peu moins d'étendue. J'ajoute, qu'à cause de la gravité de la circonstance, il en est, cette fois, la reproduction presque textuelle.

J'affirme aussi, de la manière la plus formelle, qu'à deux heures, avant l'ouverture de la grande porte de la Préfecture par laquelle entre le public, la partie de la salle qui lui est réservée était aux trois quarts occupée. On avait fait passer par un escalier dérobé et souterrain, qui est à côté de la salle du Conseil de Préfecture, les personnes qui s'y trouvaient. Aucune enquête n'a été faite à ce sujet et ceux qui ont prêté les mains à cet envahissement sont restés impunis.

Vous avez reconnu dans la séance de la Commission de permanence qu'il y a matière à discussion sur l'interprétation de l'article 29. Cette déclaration ne concorde pas avec les paroles qu'a prononcées M. le Préfet et que je transcris : « Lorsque le Président du Conseil général voudra exercer le droit que lui confère l'article 29, la marche à suivre, d'après moi, et d'*après le Gouvernement* est celle-ci : M. le Président devra m'inviter à faire exécuter ses ordres. »

Le Conseil avait décidé de suspendre ses trevaux en séance publique jusqu'à ce que les pouvoirs de son Président fussent incontestés et la liberté de ses délibérations assurée. Vous n'avez point désavoué votre agent. Il était, dès lors, de la dignité du Conseil de persister dans sa détermination. Quant à moi, j'ai tenu à honneur de ne pas laisser amoindrir en mes mains les attributions que je tiens de la loi et de la confiance de mes collègues et de ne pas me prêter au rôle ridicule, passez-moi le mot, que prétendait me faire jouer M. le Préfet. Le Conseil décline la responsabilité du retard qu'ont subi les affaires.

Le Conseil d'État est saisi de la question. Dès que sa décision sera connue, les Conseillers demanderont une session extraordinaire qui leur permettra d'expédier les affaires auxquelles le Conseil général a été mis dans l'impossibilité de donner une solution pendant la session actuelle.

Agréez, Monsieur le Ministre, l'assurance de ma considération très distinguée

Le Président du Conseil Général,
Signé : A. LABABIÉ.

Quant au Conseil il était lié, par sa délibération du 16 avril. Les motifs qui lui avaient inspiré la décision grave de suspendre ses séances publiques, subsistaient toujours. Sa dignité ne lui permettait pas de s'exposer à de nouveaux affronts tant que la liberté de ses séances ne seraient pas protégée, et l'autorité de son Président reconnue. Il a persisté, attendant jusqu'à l'extrême délai de la session, une décision du Conseil d'État qui est encore à venir après un mois presque entier, et laissant à qui de droit la responsabilité de l'état de souffrance dans lequel on l'obbligeait à laisser les intérets qui lui sont confiés et qu'il a toujours défendus avec vigilance.

Cette responsabilité doit retomber sur ceux qui ont ou provoqué le conflit, ou refusé de le juger. La prétention de M. le Préfet n'avait jamais été soulevée jusqu'à ce jour. Elle constitue une véritable innovation. M. le Préfet a trouvé le Président du Conseil en possession du droit qu'il occupait sans contestation comme tous ses collègues des autres départements. Il pouvait se contenter d'exprimer son opinion et de réserver le principe, au lieu de prétendre imposer sa prétention. C'est donc à lui que devrait être adressé plus justement le reproche fait par M. le Ministre au Conseil général, de n'avoir pas, après une simple réserve, repris le cours de ses travaux.

Le Conseil ne pouvait même pas, ainsi que le proposaient les cinq membres de la minorité, auxquels s'était joint un membre de la majorité, se réunir en comité secret. Il ne lui convenait en aucune manière de renoncer à cette publicité tutélaire et libérale qui est la vie même des corps délibérants. La loi, d'ailleurs, ne l'autorisait pas à le faire. Le comité secret, procédure exceptionnelle, ne doit être appliqué que dans certains cas spéciaux, et à raison de la nature particulière des affaires. Il ne peut pas être invoqué d'avance pour un ensemble d'affaires dont le caractère n'est pas encore déterminé.

Enfin, le Conseil général ne pouvait oublier qu'en défendant ses prérogatives, il défendait celles de toutes les Assemblées départmentales également menacées dans leur indépendance et dans leur dignité.

ANNEXE.

COMPTES-RENDUS ANALYTIQUES
des séances des 14 et 16 Avril.

Séance du 14 Avril.

Présidence de M. LABADIÉ.

La séance est ouverte à 2 heures 1/2.

M. le Préfet assiste à la séance.

M. le Président déclare ouverte la première session ordinaire du Conseil général des Bouches-du-Rhône. Il rappelle au public que toutes marques d'approbation ou d'improbation lui sont rigoureusement interdites.

M. le Président prononce ensuite l'allocution suivante :

« Messieurs,

« Au moment où nos assemblées locales, émanation du suffrage universel, sont systématiquement frappées, la réunion du Conseil général excite parmi nos populations un intérêt plus vif que de coutume. Elles ne doutent pas que vous ne saisissiez l'occasion qui vous est offerte de vous faire les interprètes de leurs plaintes et de leurs vœux.

« Les libertés municipales sont la base de toute société démocratique.

« Règle générale : les plus mauvais gouvernements sont ceux qui les respectent le moins. L'Empire les avait confisquées avec toutes les autres; il avait réduit les maires au rôle d'instruments dociles. Dès que le pouvoir municipal passe entre les mains de l'autorité, la nation ne se gouverne plus, elle est gouvernée; elle est mise en tutelle. Est-ce là qu'on veut nous ramener?

« Il vous appartient, Messieurs, d'élever la voix en faveur des libertés municipales, origine de toutes les autres libertés. Il y a d'autant plus d'opportunité à le faire, que l'Assemblée nationale doit bientôt s'occuper de la loi municipale organique. L'article 51 de la loi du 10 août vous autorise à émettre des vœux sur toutes les questions d'administration générale. Vous userez de ce droit en vous renfermant, comme vous l'avez toujours fait, dans les limites légales, mais en vous pénétrant de la pensée que le véritable respect de la loi consiste à l'interpréter dans un sens large et libéral.

« Messieurs,

« La situation politique s'aggrave de jour en jour; tous les intérêts sont en suspens; une inquiétude générale s'est emparée des esprits. La France cesserait d'être si cet état de choses se prolongeait.

« La cause de ce mal est le provisoire, plein de périls, qui paralyse tout. Le remède c'est de consulter le pays par des élections générales.

« Le pays ne laisse échapper aucune occasion de manifester sa volonté et sa préférence. Il assiste aux vaines intrigues des partis monarchiques avec le calme et la patience que lui donne la certitude qu'il faudra bien qu'on le compte pour quelque chose et que le dernier mot lui restera.

« C'est que, en effet, il ne peut y avoir en France de gouvernement durable que celui de la nation dans sa réalité et sa sincérité, c'est-à-dire le gouvernement républicain. L'irrésistible mouvement qui fut assez puissant pour emporter la féodalité et les rois briserait toutes les résistance qu'on lui opposerait.

« La république n'est donc pas seulement le gouvernement nécessaire, c'est aujourd'hui le seul possible. Comme l'a dit M. Jules Grévy, esprit ferme autant que modéré, « une restauration monarchique ne serait qu'une halte entre deux tempêtes ; c'est dans la république seule que nous trouverons le port. »

M. le Préfet demande la parole et s'exprime en ces termes :

« Messieurs,

« Je m'attendais à cette manifestation. Elle ne me surprend pas, surtout à une époque où la politique envahit les assemblées auxquelles elle devrait rester étrangère. On ouvre la session par une manifestation politique et par une violation de la loi, après avoir commencé par déclarer que la loi doit être respectée.

« Je ne puis que référer de cet incident au Gouvernement qui avisera. Mais dès à présent je fais toutes réserves et je proteste hautement. »

A ce moment, des applaudissements et les cris nombreux de : « Bravo M. le Préfet ! » se font entendre dans une partie de l'auditoire, suivis des cris de : « Vive la France ! Vive le roi ! » auxquels répondent quelques cris de : « Vive la République ! »

Deux membres constatent qu'on a crié : « A bas la canaille ! » et d'autres injures, parmi lesquelles : « Tas de mendiants ! »

M. le Président rappelle qu'il a prévenu le public, au début de la séance, que toutes marques d'approbation ou d'improbation lui sont interdites. Puisqu'il n'a pas été tenu compte de cet avertissement, le Président sera dans la nécessité de faire évacuer la salle.

Le bruit redouble dans le public et couvre la voix des orateurs.

M. Tardieu déclare qu'en présence des menaces proférées à l'adresse des membres de l'assemblée, il est impossible au Conseil général de délibérer. Il se lève et se retire.

M. Alexis prie M. le Président d'user des pouvoirs que la loi lui confère et de faire évacuer la salle. Il n'est pas de la dignité du Conseil général de siéger sous une pareille pression.

Le tumulte continuant dans l'auditoire,

M. le Président invite le public à sortir de la salle. Le public ne déférant pas à cette invitation, il ajoute que si son ordre n'est pas exécuté, il sera dans la nécessité de requérir la force armée.

Le public persistant à rester dans la salle, M. le Président invite l'huissier à aller chercher deux sergents de ville.

M. le Préfet déclare qu'il a seul le droit de donner cet ordre, et que c'est par son intermédiaire qu'il doit être transmis aux agents de la force publique.

M. Bouchet. C'est faux. M. le Président seul a la police de l'assemblée.

M. le Président répond : Eh bien ! M. le Préfet, je vous prie de mettre deux sergents de ville à ma disposition.

M. le Préfet donne à l'huissier l'ordre d'introduire deux sergents de ville.

Les deux agents pénètrent dans l'enceinte réservée au public.

M. le Préfet les invite à faire évacuer la salle; Il ajoute, en s'adressant au public, qu'il ait à se retirer et à quitter la salle. La loi l'exige; elle doit être respectée. Que le public donne l'exemple de ce respect.

M. le Président fait observer à M. le Préfet qu'il intervertit les rôles. Le Président a prié le Préfet de mettre deux sergents de ville à sa disposition ; mais il ne l'a pas autorisé à s'adresser au public. C'est un droit qui appartient au Président seul.

La foule se retire de la salle des délibérations. Une partie du public s'écrie : « Nous sortons pour obéir à M. le Préfet seulement. »

Le calme s'étant rétabli,

M. le Président prend la parole pour répondre aux observations de M. le Préfet, et s'exprime en ces termes :

Tout d'abord, je donne acte à M. le Préfet de sa protestation. M. le Préfet me reproche d'avoir violé la loi, je n'ai pas commis cette violation. Est-ce que le Président du Conseil général ne peut pas parler politique dans son allocution ? C'est là, Messieurs, une question jugée. Le droit de parler politique est une prérogative des présidents, et ce droit a été consacré de tout temps par l'usage et la tradition.

D'ailleurs, Messieurs, je n'ai point invité le Conseil à faire un acte politique. L'article 51 de la loi départementale lui donne le droit d'émettre des vœux sur les questions d'administration générale, j'ai pensé qu'il vous offrait le moyen régulier et légal d'affirmer une fois encore les sentiments du département. Mais moi qui suis chargé de faire respecter la loi, je n'ai point provoqué sa violation.

M. Baragnon présente les observations suivantes : Après les menaces de M. le Préfet, je tiens à poser devant le Conseil général la question comme elle doit l'être.

Dans un département aussi frappé, et sans prétexte justifié, quand nous restons seuls debout, il est permis de dire que le Préfet a, en quelque sorte, épuisé son droit de provoquer la dissolution d'un corps électif en frappant le Conseil municipal de Marseille. Je ne crois pas à un décret pareil émanant, sans justice, de la main du Président de la République. Notre Président est resté dans la plus étroite légalité, il a respecté la loi plus que M. le Préfet lui-même. Ceci dit, je me félicite que M. le Préfet, ait lui-même, malgré les bruits mis en circulation, assisté à l'ouverture du Conseil. Malgré les dispositions qu'il y apporte, il verra, s'il ne se fait remplacer par un fonctionnaire, si distingué qu'il puisse être, que nous maintenons nos droits sans rechercher les conflits que la séance d'aujourd'hui semble préparer.

M. Borde fait une motion d'ordre ; il propose que l'enceinte réservée au Conseil soit évacuée comme celle destinée au public.

M. le Président invite les personnes placées dans cette enceinte à se retirer. Les représentants de la presse seuls sont autori-és à rester.

M. Barné demande la parole et s'exprime dans les termes suivants :

Messieurs,

« J'ai demandé la parole pour une simple observation que je crois juste et que j'espère devoir être trouvée telle par mes collègues. Ayant appris par la commune renommée que notre département était doté d'un Préfet nouveau, je regrette que la présence de ce fonctionnaire se révèle au Conseil général par un acte qui de sa part constitue une violation manifeste de la loi.

« La loi a réglé les attributions respectives du Président du Conseil général et du Préfet. Le Préfet a entré au Conseil général ; il est entendu lorsqu'il le demande. Là s'arrête son droit. Toute assemblée a sa police ; sous le régime du suffrage universel surtout, elle est exercée par son Président. La police de nos séances appartient à notre Président, qui est investi de notre confiance et de celle de la loi. Lui seul a autorité pour diriger les débats. L'article 29 de la loi lui donne le droit d'exercer seul la police de l'assemblée ; il peut faire expulser ou arrêter ceux qui troublent l'ordre.

« Il est manifeste que les prévisions de l'administration préfectorale avaient été dirigées contre le discours d'ouverture. La situation politique du pays est telle que nous aurions été surpris de ne pas trouver daas la bouche de notre honorable

Président le langage digne et ferme qu'il a fait entendre. Ce discours nous l'avons applaudi dans nos consciences. M. le Préfet a cru devoir protester : c'était son droit ; il peut en référer au gouvernement dont il reçoit les ordres et les instructions. Mais au-delà il n'a pas d'autres droits. Il n'a pas qualité pour faire la police de l'assemblée, et pour commander à un auditoire qui, il faut bien le dire, avait été préparé pour la circonstance. La salle du Conseil avait été envahie avant l'heure par des personnes introduites par l'entrée réservée aux membres du Conseil, tandis que le véritable public attendait vainement à la porte, retenu par la police. Il y avait là un auditoire d'occasion prêt à applaudir M. le Préfet et qui était venu pour organiser la claque officielle. C'est de ce groupe que sont partis les cris séditieux de : « Vive le roi ! »

M. DE CHABERT interrompant, c'est leur droit !

M. DUPONT. Lorsqu'il y a un président de la République, il n'est pas permi de crier : « Vive le roi ! »

M. BARNE. Le gouvernement de la République est le seul gouvernement du pays.

M. de CHABERT. La République n'existe pas ; c'est une étiquette.

M. BARNE continue en ces termes.

Lorsque M. le Préfet s'est mêlé de haranguer cette foule e de lui donner des ordres, il a provoqué par son exemple des manifestations illégales. Il a oublié l'article 29 de la loi : il a voulu faire la police de l'asssemblée, et sa parole illégalement exprimée a encouragé cette manifestation tumultueuse.

M. le Préfet a protesté ; c'est son droit. Je proteste à mon tour ; c'est mon devoir.

L'incident est clos.

M. le PRÉSIDENT donne lecture d'une lettre de M. Clair qu s'excuse de ne pouvoir, à raison de l'état de sa santé, prendre part aux travaux du Conseil.

Diverses communications sont renvoyées aux Commissions compétentes.

M. Bédarride dépose une proposition du vœu tendant à l'extension de la culture du tabac dans le département, à l'allocation de prix plus rémunérateurs et à la modification du personnel de la Commission d'expertise.

Renvoi à la Commission des objets divers.

M. Bouquet annonce qu'il a reçu, avec prière de le communiquer au Conseil, un rapport sur les chemins de fer économiques.

M. Bédarride appelle l'attention du Conseil sur l'insuffisance du mobilier de l'école normale d'Aix qui lui a été signalée par la Commission administrative de l'établissement.

Le Conseil, consulté par M. le Président, décide que la composition des Commissions spéciales serait conservée pour la présente session, telle qu'elle a été fixée au mois d'août dernier.

Sur l'invitation de M. le Président, M. Barne donne lecture du rapport de la Commission départementale (1).

Le Conseil fixera ultérieurement le jour où seront discutées les questions sur lesquelles des solutions lui sont demandées.

Sur la proposition de M. le Président, il vote des remercîments à la Commission départementale pour le zèle avec lequel elle s'est acquittée de sa tâche laborieuse et pour sa vigilance à défendre les intérêts qui lui sont confiés.

M. le Préfet annonce qu'il a déposé sur le bureau les dossiers des affaires soumises au Conseil.

M. le Président lui donne acte de ce dépôt.

M. Baragnon donne lecture de la proposition ci-après :

(1) Voir le texte de ce rapport en tête des annexes aux procès-verbaux.

« Les soussignés demandent au Conseil général de vouloir « bien renvoyer à la Commission des vœux et objets divers « l'étude d'un vœu que ses attributions légales autorisent et « qui aurait pour objet de demander au gouvernement la res- « titution des droits municipaux de la ville de Marseille. »

Signés : Baragnon, Dupont, Bouchet, Reynaud, Guiran.

M. le Préfet fait observer que le Conseil d'Etat a annulé des délibérations par lesquelles des Conseils généraux avaient émis des vœux semblables. Il est bon que le Conseil sache que la loi est fixée sur ce point.

M. Bouchet répond que les arrêts des Conseils d'Etat n'ont que la valeur d'une *jurisprudence*, ils n'ont pas force de loi. L'article 51 donnant au Conseil le droit d'émettre des vœux sur les questions d'administration générale. L'honorable membre insiste pour le renvoi de la proposition à la Commission des vœux et objets divers.

M. le Président confirme les observations de M. le Préfet et fait remarquer que la proposition présentée par ses honorables collègues, a un tout autre objet que le passage de son discours ralatif aux franchises municipales, dont il a parlé d'une manière générale et sans viser l'arrêté de M. le Préfet. Au surplus, l'examen de la Commission pouvant seul faire connaître si la délibération proposée est susceptible d'être aadoptée, M. le Président ne s'oppose pas au renvoi.

Le renvoi est prononcé.

M. Baragnon espère que M. le Président prendra les mesures commandées par les scènes qui ont marqué le début de la séance ; mais il croit qu'il serait bon que le Conseil précisât les conditions dans lesquelles M. le Préfet s'est attribué la police de l'assemblée et que M. le Président de la République fût informé de ce qui s'est passé.

M. le Président rappelle que l'incident est clos.

Ordre du jour :

Demain, mercredi, à 10 heures du matin et à 3 heures de l'après-midi, réunion des Commissions.

Après-demain, à 3 heures séance publique.

La séance est levée à 5 heures.

Séance du 16 Avril.

Présidence de M. LABADIÉ.

La séance est ouverte à 2 heures.

M. le Préfet assiste à la séance.

M. Labadié, président, s'exprime en ces termes :

Avant la lecture du procès-verbal, je dois faire au Conseil une communication importante. A la suite des scènes qui ont marqué l'ouverture de la première séance, j'aurais manqué à tous mes devoirs si je n'avais pris, en ce qui me concerne, les mesures nécessaires pour prévenir le retour d'un pareil scandale.

A cet effet, j'ai écrit à M. le Préfet une lettre dont je vais vous donner lecture :

« Marseille, le 15 avril 1874.

« Monsieur le Préfet,

« En vertu de l'article 29 de la loi du 10 août 1871, j'ai l'honneur de vous inviter à mettre à ma disposition quatre agents de police pour la séance du Conseil général qui doit avoir lieu demain jeudi, à deux heures de relevée. Vous voudrez bien donner l'ordre à ces agents de prendre mes instructions, demain, dans la matinée.

« Je dois signaler à votre attention, M. le Préfet, si vous l'ignorez, un fait qui prouve que le tumulte qui s'est produit était prémédité.

« Si, comme je me plais à le croire, vous y êtes demeuré étranger, vous prendrez, en ce qui vous concerne, des mesures pour que cette scène scandaleuse ne se reproduise pas.

« La grande porte de la Préfecture, devant laquelle stationne, et par laquelle entre le public qui désire assister aux séances du Conseil général, n'a été ouverte qu'à deux heures.

« Lorsque le public très nombreux, qui avait stationné pendant longtemps, est arrivé à la porte de la salle des séances, il a trouvé la partie de la salle qui lui était destinée presque entièrement remplie.

« De plus, les places réservées étaient occupées. Comment les personnes qui se trouvaient à ce moment dans la salle avaient-elles pu y parvenir ? Elles n'ont évidemment pu y pénétrer que par le couloir qui conduit au Conseil de Préfecture. Il vous appartient de rechercher et de punir ceux qui ont été complices de cette introduction clandestine. Je suis persuadé que vous ne manquerez pas à ce devoir. Je ne doute pas non plus que vous donnerez des ordres à vos concierges pour que personne ne puisse entrer par une porte autre que celle qui donne sur la place de la Préfecture, et pour que ladite porte soit ouverte un quart d'heure avant celle de la séance.

« Recevez, etc.

« *Le Président du Conseil général,*

« LABADIÉ. »

A cette lettre, M. le Préfet m'a fait l'honneur d'adresser la réponse suivante :

« MARSEILLE, le 16 avril 1874.

« MONSIEUR LE PRÉSIDENT,

« Je ne crois pas pouvoir mettre sous vos ordres directs les quatre agents de police que vous me demandez ; ce serait en effet abandonner les droits du pouvoir exécutif que je représente ; mais j'aurai soin que ces agents se trouvent à ma disposition de façon à pouvoir agir conformément aux mesures que vous croirez devoir prendre en exécution de l'article 29 de la loi du 10 août 1871.

« Quant aux diverses allégations ou recommandations qui sont renfermées dans le second paragraphe de votre lettre, elles traitent de questions dont la solution m'est absolument réservée et que j'examinerai avec la plus grande attention.

« Agréez, Monsieur le Président, l'assurance de ma haute considération.

« *Le Préfet des Bouches-du-Rhône*,

« JACQUES DE TRACY. »

Messieurs, la lecture de cette lettre produira sans doute sur vous le sentiment pénible que j'ai moi-même éprouvé en la lisant. Je la considère comme la négation absolue du droit que la loi me confère. M. le Préfet vise dans sa réponse l'article 3 de la loi, aux termes duquel le Préfet est le représentant du Pouvoir exécutif dans le département. Personne ne songe à contester ce principe. Le Préfet représente effectivement le Pouvoir exécutif, mais lorsqu'il s'agit seulement d'exécuter les délibérations prises par le Conseil général. Délibérer est le fait de plusieurs, exécuter est le fait d'un seul. Lorsque le Conseil général a statué, M. le Préfet est l'agent exécuteur de ces décisions. A cet égard, il ne saurait exister ni doute, ni contestation.

Mais M. le Préfet se trompe quand il veut étendre son droit à la police du Conseil général. La police de l'assemblée appartient au président, et voici, Messieurs, le texte de l'article 29, qui détermine cette attribution :

« Art. 29. — Le Président a *seul* la police de l'assemblée ; il peut faire expulser de l'auditoire ou arrêter tout individu qui trouble l'ordre. »

Comme, en ces sortes de choses, il peut se produire des nécessités immédiates, il faut que les ordres du Président soient donnés directement, qu'il n'y ait pas d'intermédiaire entre sa volonté et celle de l'agent chargé de l'exécuter.

L'article 29 ajoute :

« En cas de crime ou délit, le Président en dresse procès-verbal et le procureur de la République en est immédiatement saisi. »

Ce sont là, Messieurs, des pouvoirs considérables que la loi a donnés au Président. L'exercice de ces pouvoirs ne comporte pas l'intrusion d'un intermédiaire.

Ce qui s'est passé dans la dernière séance laissait pressentir la prétention de M. le Préfet. Dans cette séance, j'ai demandé deux agents. M. le Préfet m'a fait observer qu'il avait seul le droit de requérir la force armée. Je n'ai pas hésité; je me suis incliné devant l'observation de M. le Préfet. J'ai reconnu, en effet, que pour requérir les agents de la force publique, je devais avoir recours à l'intermédiaire de M. le Préfet. Je me suis adressé à lui pour avoir deux agents. J'ai procédé de même lorsque par la lettre adressée à M, le Préfet je l'ai prié de vouloir bien mettre quatre sergents de ville à ma disposition. Je reconnais l'autorité du Préfet dans la mesure où il a le droit de l'exercer. A l'extérieur de l'assemblée je n'ai, je l'avoue, rien à faire; M. le Préfet peut disposer ses agents autour de la salle, placer un régiment s'il lui convient. Mais ici, dès que ce seuil a été franchi, ce n'est plus le Préfet, c'est le Président qui est le pouvoir exécutif. Il a seul le droit de prendre des décisions pour assurer la police intérieure. Il faut que ses ordres soient exécutés sans que personne ait le droit de s'interposer.

Après que, dans la séance précédente, les agents ont été introduits, M. le Préfet leur a donné des ordres que j'avais seul le droit de donner. Il a fait plus encore. Dans cette déplorable séance où mon autorité a été méconnue, j'ai invité le public à évacuer la salle. Les personnes présentes ont refusé d'optempérer à cette invitation. M. le Préfet s'est alors levé et a ordonné à la foule de sortir, s'arrogeant ainsi le droit qui appartient au Président seul de faire la police de l'assemblée.

En présence du refus qui m'est fait par M. le Préfet de mettre à ma disposition les moyens d'assurer la liberté de vos délibérations, je pense qu'il n'y a pas deux partis à prendre.

Les scènes qui se sont passées dans la première séance sont tellement déplorables que, pour en trouver des exemples, il faut se reporter aux souvenirs des mauvais jours des temps de troubles et de révolution. Mais à une époque de calme, comme celle dans laquelle nous nous trouvons, on n'avait jamais vu de scandale semblable. Non-seulement mon autorité a été méconnue, mais plusieurs de mes collègues ont été impunément insultés. Il y a là une cabale qui n'a pu pénétrer dans la salle qu'avec la complicité de certaines personnes. Il était impossible de songer qu'il existe un couloir souterrain qui vient aboutir dans le grand escalier de la salle du Conseil. Lorsque les portes de la Préfecture ont été ouvertes, le public a pu constater que l'enceinte qui lui était réservée avait été envahie et que les places réservées même étaient occupées.

Je crois, Messieurs, que j'ai le devoir de revendiquer mon autorité. Après le refus de M. le Préfet, je ne me sens pas la force d'assurer la liberté de vos délibérations. Il n'y a qu'une seule résolution à prendre : c'est de suspendre vos séances publiques tant que la question ne sera pas vidée, et que les attributions de votre Président ne seront pas respectées. Pendant ce temps, le Conseil, réuni en Commissions, s'occupera de ses travaux et préparera la solution des affaires qui lui sont soumises.

J'ai, par conséquent, l'honneur de vous proposer de suspendre provisoirement vos séances publiques.

M. LE PRÉFET répond : — Je n'ai, Messieurs, aucune observation à faire en ce qui concerne la dernière partie du discours que vous venez d'entendre. Vous statuerez comme il vous paraîtra convenable sur la proposition qui est faite. Les affaires du département en souffriront ou n'en souffriront pas. Je tiens uniquement à me renfermer dans mon rôle. La loi, par son art. 3, m'a constitué le représentant du pouvoir exécutif dans le département, et précisément parce que les pouvoirs de préfet ont été définis par la loi, je veux qu'ils soient absolument et complètement respectés. Je suis le représentant du pouvoir exécutif, non-seulement pour les volontés du Conseil général, mais pour tout ce qui concerne le département. On ne peut pas distraire une partie de la force armée sans la laisser sous le fonctionnement de ses chefs hiérarchiques. Il est certain que le représentant du pouvoir exécutif doit seul avoir sous ses ordres les agents de la force armée. Lorsque le président du Conseil général voudra exercer le droit que lui confère l'art. 29, la marche à suivre, d'après moi, et d'après le Gouvernement, est celle-ci : M. le Président devra m'inviter à faire exécuter ses ordres. Mais l'exécution et le mode d'exécution m'appartiennent. Il m'appartient d'exécuter ses ordres, la loi m'y oblige, et je m'y soumets dans les limites de la loi elle-même. Il y a dans l'article 29 un pouvoir qui n'est pas défini. Je n'ai pas à discuter la loi, mais seulement à l'exécuter, je le répète, dans les limites de la loi elle-même.

C'est dans ses termes que je me renferme et que je revendique pour moi seul le droit de donner, même ici, des ordres aux agents de la force publique.

M. BARNE demande la parole et dit :

La prétention soutenue par M. le Préfet est contraire à l'esprit comme au texte de la loi. Il revendique pour lui seul le droit de faire exécuter, *même ici*, les ordres de notre Président.

M. le Président. *Même ici.*

M. Barne. — Oui, même ici, dans cette enceinte. M. le Préfet tire un argument de la loi. Cet argument n'est pas heureux. L'article 3 qu'il vise n'a aucun rapport avec les attributions du Président pour la police de nos séances. Cet article contient deux dispositions. Aux termes de la première, le Préfet représente le pouvoir exécutif dans le département; c'est-à-dire que partout où le gouvernement veut faire exécuter ses volontés légales, il le fait par l'intermédiaire du Préfet; mais, au sein de nos réunions, le gouvernement ne donne pas d'ordres. Le Conseil général, pour exécuter la loi, fait lui-même son règlement. La police qui assure l'observation de la loi du règlement est confiée à une seule autorité dans laquelle le législateur a placé une juste confiance. Elle appartient au président élu par l'assemblée elle-même. A cet égard, le pouvoir exécutif représenté par M. le Préfet n'a pas à intervenir. L'autorité du gouvernement, invoquée par M. le Préfet, doit demeurer étrangère à la question.

Le second paragraphe donne encore moins de force à la prétention de M. le Préfet. Il règle les rapports du Préfet avec le Conseil. Le Préfet est chargé de préparer et de faire exécuter les décisions du Conseil et de la Commission départementale. La décision c'est le résultat de nos travaux faits en commun. Nous la délibérons, mais nous n'avons pas à l'exécuter. Les actes de notre Président ne constituent pas des délibérations, mais bien l'exercice de son autorité propre. Cette autorité serait amoindrie dans des conditions inacceptables, si, lorsqu'elle s'exerce, il devait exister un intermédiaire entre la volonté du Président et les agents chargés d'exécuter ses ordres. Il en résulterait l'inconvénient d'un retard dans des circonstances qui parfois ne comportent pas de délai, et la possibilité d'un doute sur la fidélité de la transmission de l'ordre.

Ce qu'a prévu l'article 3, c'est une communication au Préfet après nos travaux. Ce qu'exige la police de notre assemblé, c'est l'expression immédiate de la volonté de notre Président, suivie d'exécution sans intermédiaire. Ce n'est donc pas dans l'Article 3 de la loi qu'il faut chercher la solution de la difficulté très grave provoquée par M. le Préfet.

L'article 29 détermine à qui appartient la police de l'assemblée ; il déclare qu'elle est exercée par le président seul. Le mot *seul* suffit pour exclure l'intermédiaire d'une autre autorité quelle qu'elle soit. Le Président peut faire expulser ou arrêter quiconque lui paraît troubler l'ordre ; il a le droit de verbaliser.

La loi se suffit à elle même ; son esprit est assez clair. Cependant, s'il fallait invoquer des exemples pour son interprétation, ils se présenteraient nombreux à la pensée.

La loi attribue aux présidents des corps judiciaires la police de leurs audiences. Ainsi le président de la Cour d'assises peut requérir l'assistance de la force armée, pour faire respecter son autorité. Vous êtes aussi, M. le Préfet, pour les cours et les tribunaux du département, le représentant du pouvoir exécutif. Est-ce que jamais vous avez eu la prétention d'intervenir dans les mesures de police ordonnées par leurs présidents? Ceux-ci requièrent bien auprès de l'autorité la mise à leur disposition des agents de la force publique, mais ces agents, une fois à l'audience exécutent directement les ordres du président.

Dans les réunions électorales, les présidents des bureaux ne se mettent pas en rapport avec les commandants de la force publique ; mais quand l'autorité a mis des agents à leur disposition, la police est faite et ordonnée par les présidents seuls.

Je suis d'avis que l'autorité de notre Président a été méconnue, et que le refus opposé par M. le Préfet à sa demande compromet la liberté de nos délibérations. Il est donc opportun de suspendre nos séances publiques, tant que les prérogatives de notre Président ne seront pas respectées.

M. Tardieu. — Je rappelle seulement au Conseil général qu'il est saisi d'une proposition sur laquelle il doit statuer immédiatement. A la place de M. le Président j'aurais refusé la parole à M. le Préfet. Il convient de voter sans prolonger la discussion.

M. le Président met aux voix la clôture de la discussion.

La clôture est prononcée.

M. le Président met ensuite aux voix la proposition qu'il a soumise au Conseil.

Il est procédé au vote par main levée. La proposition est adoptée. Il est procédé à la contre-épreuve ; aucun vote contraire n'est exprimé.

M. le Président invite le Conseil à se réunir demain dans ses commissions.

La séance est levée à 3 heures.

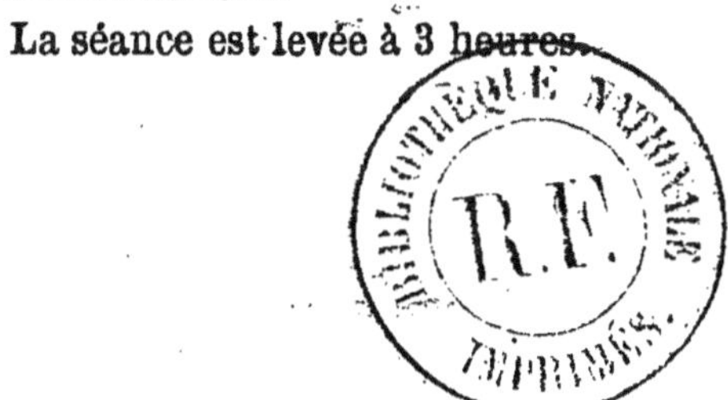

www.ingramcontent.com/pod-product-compliance
Lightning Source LLC
LaVergne TN
LVHW010037230826
846091LV00005B/1751
* 9 7 8 2 0 1 1 7 8 8 1 1 5 *